Le Secret des troubadours De Parsifal à Don Quichotte

Joséphin Péladan

1906

© 2024, Joséphin Péladan (domaine public)
Édition : BoD · Books on Demand, 31 avenue Saint-Rémy,
57600 Forbach, bod@bod.fr
Impression : Libri Plureos GmbH, Friedensallee 273,
22763 Hamburg (Allemagne)
ISBN : 978-2-3224-9654-9
Dépôt légal : Mars 2025

TABLE
(provisoire)

ARGUMENT

Cet opuscule devrait être lu, avant la Clé de Rabelais. *Il touche à l'ésotérisme du Moyen Âge et projette quelque clarté sur des points que n'aperçoit même pas l'historien* ad usum Delphini.

Le secret des corporations est un testament rationaliste où le Latin désabusé range la Divine Providence parmi les Muses, et se propose de parcourir honnêtement une existence désormais sans autre vision que celle de l'art.

Avant de chercher le mot de la dive bouteille, notre ancêtre ingénu et héroïque chercha le Saint-Graal. Il s'appelait Parsifal au temps de son enthousiasme. Vaincu il se nomme Don Quichotte ; tel est le secret des troubadours.

Jamais, plus rayonnant poème de foi d'espérance et de charité ne fut conçu.

Le fait apporte son témoignage au rêve. Godefroy de Bouillon et saint François d'Assise sont les deux faces de ce splendide essor de l'âme latine.

Il appartenait à Mistral, l'immortel Provençal, de dévoiler, dans tout son primitif éclat la pensée du Rhône.

Cette pensée a reçu du Dante, Michel-Ange de la poésie, une forme tellement obscure qu'il faut la découvrir dans l'esprit même du Moyen Âge et c'est l'objet du premier chapitre.

La figure de Parsifal réunit à la fois les traits ecclésiaux des Frères Mineurs et ceux politiques des Templiers.

Toute notre littérature du XIe au XVe siècle fut consacrée à l'idéal de Frère François et de Hugues de Payns. Les troubadours sont des mystiques, et non des lyriques sexuels.

Quant à Cervantès, il a évoqué une dernière fois l'idéal de notre race sous une forme désespérée, et dont le comique n'est qu'un masque.

I

L'ESPRIT DU MOYEN AGE

On se figure trop le Moyen Âge comme une immense collégiale où règnent des mœurs ecclésiastiques et où l'artiste affecte des façons de tertiaire.

Puvis de Chavannes, allégorisant l'inspiration chrétienne, a donné, comme fond au cloître que décore le moine artiste, une pente inculte qui sert de cimetière. Sans transition, sans rompre sa clôture, le frère peintre ira de sa dernière fresque à la tombe : rien du monde jamais n'aura obscurci sa vision. Belle image sans réalité, ni historique, ni psychique !

On juge l'esprit des œuvres ordinairement par le choix des sujets ; et pour les superficiels, les statues de Saint-Pierre de Rome, Saint-Pierre lui-même, comme le *Stabat* de Rossini, relèvent de l'esthétique religieuse. Si la madone se détache sur un fond d'or ou que le Seigneur apparaisse largement nimbé, on croit voir l'artiste ceinturé du cordon franciscain et préludant à son travail par des récitations de chapelet. Ainsi s'est formée et se prolonge cette bizarre confusion de la foi avec la dévotion, et des mœurs cléricales avec les bonnes mœurs.

Fra Angelico pleurait en peignant les scènes de la Passion, mais il n'y a eu qu'un Fra Angelico.

Ce Dominicain ne représente nullement le type artistique de son temps et l'épithète de *Beato* lui vient du suffrage profane. Aucun pape n'a songé à mettre sur les autels ce religieux d'une supériorité si étrangère à la routine et d'un exemple si humiliant pour la corporation paresseuse entre toutes.

On cite souvent ces paroles, attribuées à Buffalmaco : « Nous autres peintres, nous ne nous occupons que de faire des saints et des saintes sur les murs et les autels, afin qu'au grand dépit des démons, les hommes soient plus portés à la piété. » Nous savons que ce même giottesque montait, après vêpres, sur la colline de Fiesole et buvait frais avec des camarades.

Rio, dans son *Art chrétien*, dit littéralement que « l'atelier du peintre était transformé en oratoire, vers 1350 ». Il représente la confrérie de Saint-Luc non comme une réunion d'artistes se communiquant leurs découvertes ou délibérant sur l'adoption de nouvelles méthodes, mais en pieuse assemblée ayant ce but unique, *rendere lode e grazie a Dio*.

Nous touchons ici à la grande erreur de l'enseignement sacerdotal. Est-ce un heureux changement, celui qui transforme un lieu d'activité et de création en formule passive ?

Quelles louanges et quelles actions de grâces égalent une belle fresque, même au sens clérical ?

En méprisant les œuvres du génie pour exalter les vertus cachées, l'humble obéissance et les mérites qu'on n'a pas besoin de prouver, le clergé de tous les temps a conçu un dessein politique où sa paresse s'accordait avec le soin de son prestige. La canonisation d'un Labre prend ses raisons, non de la belle humilité du personnage, mais d'une volonté séculaire et tyrannique d'humilier la supériorité véritable et d'opposer à l'idéal naturel de l'homme civilisé une autre conception qui sauvegarde l'hégémonie du clerc sur le laïc. Chose bien digne d'étonner, cette aberration a été exaspérée et portée au point actuel par l'esprit protestant. Un Jules II, un Léon X savent la surnaturalité d'un Michel-Ange et d'un Raphaël : ce sont des humanistes, et l'art profite de ce qu'ils ôtent à la religion. Le Moyen Âge, implacable à l'hérétique et au sorcier, ne fut pas bassement tracassier. Son indulgence même nous est témoignée par les documents les plus authentiques. Quel chapitre contemporain laisserait un sculpteur le portraiturer dans les attitudes des vices, au portail de la basilique ?

Giotto, qui a glorifié saint François aux voûtes d'Assise, a écrit un poème contre la pauvreté volontaire qui était le dogme fondamental du petit Frère.

Une des nouvelles de Sachetti nous montre le grand fresquite comme un homme jovial, à la réplique très vive, à l'esprit critique, à l'humeur joyeuse.

Alexandre VI reconnaissait l'éclatante vérité des discours de Savonarole : il le fit brûler pour un motif politique. Le Dominicain avait écrit au roi de France pour l'engager à chasser les Borgia de Rome et de l'Italie même.

À mesure que la religion perd son influence, ses tenants augmentent d'impériosité et gênent ainsi par leurs proférations polémiques, l'étude des périodes antérieures.

L'artiste primitif croyait d'une manière sentimentale. Sa psychologie se compose de trois termes ; le péché originel, legs détestable, mais source d'excuses illimitée ; l'ange gardien qui veillait sur lui et devait finalement le sauver ; et le Malin, l'éternel adversaire, le tentateur, véritable auteur de tout le mal. Ces trois notions aboutissaient à une confiance sans borne dans la miséricorde divine. Le médiéviste a bonne opinion de son espèce ; une faute ancestrale le relève d'une part de responsabilité et le diable si puissant, si méchant, porte le reste des coulpes. À ces notions rassurantes, une autre et qui suffirait à rendre l'espérance au plus grand scélérat, vient ajouter encore son rafraîchissement incomparable. Le Verbe s'est fait chair, Dieu eut une mère humaine, les hommes donc ont une mère au ciel.

Certainement le Moyen Âge ne distingue pas entre Marie et Jésus ; dans son cœur, la Trinité se compose de quatre personnes. Nul ne le dit et chacun le croit. L'idée de maternité et l'idée de divinité se mêlent si bien dans cette adoration que la Vierge est déesse autant que la déesse est maternelle. La théologie actuelle s'insurgerait. Mais qu'importe la théologie à la foi et l'esthétique à la volonté de créer ? Quelles pauvretés que les formules en face des mouvements de l'âme ! le médiéviste avait donc une mère dans les cieux, une mère d'éternité ; et pour elle il a travaillé anonymement à ces sculptures que nul ne devait voir, à ces vitraux que nous pouvons à peine deviner au moyen des meilleures jumelles.

Cette application avait deux caractères ; celui d'œuvre pie et satisfactoire et un autre de sens ouvrier. Enlumineurs et tailleurs d'images ne distinguaient pas en eux l'artiste de l'artisan, puisque en ce beau temps, l'artisan était presque toujours artiste. Ils mettaient donc leur amour-propre dans la perfection du procédé. Ils étaient, avant tout, des ouvriers ; ils faisaient très bien tout ce qu'ils faisaient, sans dédain aux lenteurs et aux difficultés du travail manuel. Le sculpteur de 1300 n'est pas ce manieur de terre mouillée que nous connaissons : il s'affrontait, marteau et ciseau en main, avec le bloc de pierre. Le peintre broyait ses couleurs et le statuaire polissait sa statue. Les gens de métier formaient une caste et chaque métier une maçonnerie, ayant ses secrets, ses modes d'affiliation. Nul ne pouvait exercer un état sans l'agrément des maîtres et le gâte-métier n'existait pas. Au commencement du XIX\ :sup siècle, le compagnonnage conservait beaucoup de traditions médiévales qui avaient surnagé sur le chaos révolutionnaire.

Au XIII\ :sup siècle, la pratique d'un art même inférieur exigeait un long apprentissage : on n'exerçait pas plus la sculpture sans licence des maîtres tailleurs de pierres qu'on n'exerce aujourd'hui la médecine sans la permission, sous forme d'examen et de concours et de diplômes obtenus devant la corporation médicale.

Ces garanties profitaient singulièrement au grand art. La situation des élèves chez les peintres italiens diffère étrangement des actuels cours de beaux-arts ; c'étaient des apprentis traités familièrement, mais vivant de la vie intime du maître et moralement adoptés.

Le livre de Cennino Cennini donne une juste idée de l'apprentissage.

Wagner a exprimé dans la physionomie à demi comique de David, l'élève de Sachs, cette condition si éloignée de nos mœurs.

Si socialement l'artiste était classé parmi les ouvriers, il ne s'ensuit pas qu'il fût condamné à une culture exclusivement technique. La pensée d'alors fut très active, aussi audacieuse qu'en aucun temps et nullement encapuchonnée de cléricalisme.

Le XIIIe siècle nous a légué son Encyclopédie, comme le XVIIIe. Au point de vue des idées générales, l'œuvre de Diderot reste inférieure à celle de Vincent de Beauvais, esprit synthétique d'une rare lucidité.

Le *Miroir du monde* fournit une image très complète de la haute culture à l'époque des grandes cathédrales. Dieu et son œuvre, la création ; l'homme et son œuvre, l'évolution dans le sens de salut et d'éternité : voilà le schéma de l'ouvrage. Après la théodicée vient la cosmologie, et suivant l'ordre de la Genèse les sciences physiques et naturelles. Ensuite l'homme paraît. Les diverses branches du savoir sont autant de branches de salut. La morale nous apprend à nous gouverner individuellement et selon notre état et condition ; l'économique nous enseigne les devoirs familiaux ; la politique les obligations civiques. Il y a au moins 10,000 chapitres dans cette somme des connaissances humaines. Une seule phrase, à peine choisie, suffira à montrer quel haut esprit était le lecteur de saint Louis.

« Les premiers rangs, dans l'empire des lettres, appartiennent sans contredit aux écrivains originaux qui étendent les connaissances humaines, qui agrandissent une science, qui enrichissent un art, qui conçoivent ou expriment des idées nouvelles. » Si on se souvient de la date de 1250, on s'apercevra une fois de plus que la nuit du Moyen Âge n'était ni si noire, ni si épaisse qu'on le prétend.

Les dix in-folio du lecteur de Louis IX, formidable compilation, nous livrent les opinions du temps, les superstitions mêmes. On y trouve la direction des études, les auteurs connus, ceux préférés et ceux dédaignés, et les divers systèmes en cours dans les écoles et les monastères.

La liste des auteurs cités dépasse 400. Il ressort, je n'ose dire de cette lecture, mais du feuilletement, que l'avidité du savoir était aussi ardente au Moyen Âge, qu'à la Renaissance, qui passa de l'invocation d'Aristote à celle de Platon, puis de Plotin.

Le dogme n'immobilisait pas l'investigation comme on l'a cru, pas plus que le sacristain n'est empêché dans ses va-et-vient par la génuflexion qu'il donne à l'autel, en passant. Jamais un libre penseur n'arrivera à l'inconsciente familiarité du monsignore dans les basiliques romaines. L'homme violet, étant chez Dieu, est chez lui ; il en use avec des simagrées, mais il en use étrangement. Le médiéviste ne conclut jamais contre la foi, mais il l'accommode à son gré et lui impose le pli de sa prédilection, sous la bénédiction d'un clergé certain de son empire et dès lors fort accommodant à l'invidualisme[sic] silencieux.

Si on voulait aller plus avant et plus haut, on rencontrerait Albert le Grand et Roger Bacon. Qui croirait que les phrases suivantes sont du moine d'Oxford, mort en 1294 :

« On peut faire jaillir du bronze des foudres plus redoutables que celles de la nature ; une faible quantité de matière congrument préparée produit une horrible explosion accompagnée d'une vive lumière. On peut multiplier ce phénomène jusqu'à détruire une ville et une armée. L'art peut construire des instruments de navigation tels que les plus grands vaisseaux, gouvernés par un seul homme, parcourront les fleuves et les mers avec plus de rapidité que s'ils étaient remplis de rameurs. On peut aussi faire des chars, qui sans le secours d'aucun animal, courront avec une incommensurable vitesse !... » Visionnaire ? Non, voyant !

Interrogeons maintenant saint Bonaventure, qui mourut en 1274. Que dira-t-il : « La lumière extérieure ou la tradition éclaire les arts mécaniques : la lumière des sens nous procure les notions expérimentales ; la lumière intérieure ou raison nous révèle les vérités intelligibles. » Quelle gêne ces formules-là imposent-elles à l'activité cérébrale ?

Dans l'ordre des faits, quelle audace est comparable à celle d'un Godefroy de Bouillon, qui rêve d'établir en Palestine ce même christianisme des parfaits que Blanche de Castille exterminera en Occitanie. Rien n'atteste mieux l'intensité de la vie philosophique que l'Inquisition. La bulle datée de Brescia (1251) indique que le clergé se trouvait déjà débordé par l'hérésie, c'est-à-dire par les progrès de l'indépendance intellectuelle.

Au mouvement mystique d'un Joachim de Flore, d'un Jean d'Oliva, aux fratricelles, aux bégards, il faut ajouter le pullulement des sociétés secrètes. Rutebeuf, le roman de la *Rose* et celui du *Renart* lus entre les lignes, offrent de véritables cours d'hérésie. La chaîne gnostique qui a son premier anneau parmi les néo-platoniciens se continue sans interruption jusqu'aux Gibelins. Cecco d'Ascoli, ami du Dante condamné d'abord à se défaire de ses livres et à assister tous les dimanches au sermon des dominicains, fut brûlé pour son poème *Acerba* et cependant il n'était coupable que d'allusions critiques, tandis que la *Divine Comédie* est une divine diatribe.

Les troubadours n'étaient pas les poètes anodins qu'on suppose ; leurs *Sirventes* cachent plus d'un secret. Fauriel a remarqué qu'un seul, un unique troubadour avait été favorable aux croisés de l'orthodoxie. La gaie science dépassait de beaucoup de coudées la rimaillerie. Lorsque Ulderic Utter disait : *In Italia quærite Turcas*, il dénonçait des doctrines de source orientale. L'ordre du Temple eut le plus extraordinaire des avocats, le poète de la *Vie nouvelle*. Le lyrisme enveloppa si bien l'hétérodoxie que les papes acceptèrent comme poème religieux le plus épouvantable pamphlet qui ait jamais été écrit contre aucun clergé, si on en excepte le Christ de Michel-Ange à la Sixtine, identique d'inspiration gibeline.

Le primitif n'est pas ce faucon encapuchonné qu'un évêque porte à son poing ganté. Croyant, il prie et espère en poète, et plie le dogme aux besoins de sa sensibilité ; dissident, il ose les plus extrêmes audaces et rêve de communisme et de panthéisme. Il semble que l'honneur de l'historien soit de présenter à tout prix une unité illusoire pour chaque époque : la vie morale ondoie davantage et n'affecte jamais cet alignement des consciences qui serait une espèce d'ataxie intérieure. L'hérésie est un abcès de la foi. Actuellement personne ne se passionnerait pour une matière doctrinale ; les meilleurs érudits refusent créance à un ésotérisme provençal et enseignent que les cours d'amour étaient simplement les salons bleus d'Arthénice du XIIe siècle.

On a vu la plus ancienne carte du Tendre dans les quatre degrés de l'initiation albigeoise : hésitant, priant, écouté et ami ; on a vu que la dame impose au chevalier des exigences de coquette avant d'octroyer l'amoureuse merci. Fauriel avec ingénuité donne comme usage du XIIIe siècle, le fait de se consacrer au culte d'une dame par un vœu analogue aux vœux de religion. Cent chevaliers se sont fait raser la tête pour la comtesse de Rodez ; il faut lire : *Tonsurés pour le service du diocèse de Rodez.* Le même auteur remarque encore ceci : « Rien de plus fréquent que de voir des clercs, des hommes déjà engagés dans les ordres, y renoncer pour se faire troubadours. »

Ces quelques traits cursifs indiquent que le Moyen Âge, même au riant soleil du Midi, vivait d'une vie sentimentale intense et échappait à la domination romaine sous le masque de la galanterie. La version adoptée plaira encore longtemps aux imaginations éprises d'absurde et de contes fabuleux, mais la vérité apparaîtra prochainement sous une signature de l'Institut qui la rendra recevable.

On contemple le Moyen Âge comme le voyageur, une cathédrale : la masse étonne, l'ascendance des lignes enthousiasme : on vénère la piété qui a dressé le monument ; mais on ne déchiffre pas les sculptures du portail et du chapiteau et surtout on ne se rend pas compte du caractère prime-sautier, intime, individualiste, que les vieilles pierres manifesteraient à un minutieux et méditatif examen.

Si une opération humaine mérite l'épithète de divine, c'est assurément celle de créer : ceux qui conçurent le chœur de Beauvais, le clocher de Chartres, la nef d'Amiens, le portail de Reims, pouvaient être et devaient être des hommes convaincus de la divinité du Christ ; mais qui s'estimaient fort au-dessus de leurs curés, et avec justice, car ils faisaient des miracles d'art beaucoup plus étonnants que les thaumaturgies attribuées aux plus grands saints. Celui qui produit un chef-d'œuvre s'élève si haut qu'il ne se trompe plus sur la véritable hiérarchie et, spirituellement, il n'obéit qu'à son génie ou à son démon.

En ce temps, toute supériorité se manifeste par la sédition ; il n'y a pas d'originalité sans bizarrerie ou du moins elle ne se produit pas autrement. Le primitif conseillé par son intérêt, contenu par la pression du corps social pensait librement ; mais ne s'exprimait pas. On a pris cette prudence pour de la passivité cérébrale ; c'était seulement l'effet combiné du besoin de sécurité et de l'esprit d'ordre. Connaît-on deux madones semblables, identiques de sentiment, du Xe au XVe siècle ? Quelle autre marque cherchera-t-on du profond individualisme de cette période ? Chacun donnait à la Vierge mère les traits les plus chers à son cœur et je ne trouve aucune erreur à employer même la beauté de sa maîtresse aux représentations sacrées. L'amour nous rachète de l'instinct, c'est un principe rédempteur et le charme indéfinissable de l'œuvre médiéviste provient de sa douce chaleur. L'artiste aimait son métier, son art, son sujet et ses outils : et cette sensibilité profonde a triomphé de l'imperfection technique.

Lorsque, Pausanias à la main, je me suis acheminé vers le radieux Parthénon, mon esprit a reçu l'éblouissement de la chose parfaite qui réunit les rapports possibles en d'infaillibles proportions. J'ai admiré, de tout mon cerveau, avec une espèce de fierté d'espèce et un soudain orgueil d'être homme. La cathédrale produit une impression moins définissable. Elle manifeste que l'homme n'est point le but de l'homme. Le véritable idéal commence là même où la personnalité s'oublie. C'est ce mont Nebo d'où Moïse aperçut la Terre Promise. La moindre figure médiévale produit à divers degrés cet effet d'au delà et d'horizon infini.

Hérétique ou marguillier, albigeois ou courbé sous le joug dominicain, le Primitif eut dans l'âme cette pénombre mystérieuse et il la traduisit dans ses moindres travaux, comme on peut traduire une pénombre par des nuances de sensibilité.

L'Antiquité et la Renaissance justifieraient le moindre détail de leurs œuvres ; elles concevaient, selon des méthodes et n'exprimaient que de la pensée logique, lucide, essentiellement typique.

Le Moyen Âge fut un cœur humain très vif. Son accent, irrésistiblement, séduit, comme dans la réalité une vraie larme et un vivant sourire. Pour avoir tout fait avec amour, même la ferrure, même la sculpture invisible, cette époque si concentrée garde un prestige étrange.

À côté du hiératisme oriental, à côté de la beauté hellénique, la grâce médiévale, comme une dixième muse, représente l'ingénuité, c'est-à-dire, une personnalité si sincère qu'elle s'oublie. Elle ne signe pas son œuvre, tellement sa joie d'œuvrer est profonde tellement le suffrage souhaité diffère de celui que nous cherchons aujourd'hui.

II

Idéal du Moyen Âge

Ne sont que trois matières à nul homme entendant
De France, de Bretagne et de Rome la grant.

Cette division des chansons de geste, par Jean Bodel, mériterait d'être augmentée d'une quatrième matière, celle de Provence. Nous ne possédons pas les textes provençaux relatifs au San Grazaü (au saint vase). Gautier Map, Robert de Boron et Chrestien de Troyes ont accompli la figure du héros chrétien que Wagner devait dégager du fouillis médiéval pour en faire le type du chevalier mystique, réunissant le prestige du saint à celui du guerrier.

Wolfram d'Echenbach, vers 1215, écrivit son Parzival d'après Chrestien de Troyes ; mais il faut tenir compte que le fameux Minnésinger de la Wartburg déclare avoir pris pour modèle *Kiat le Provençal* (?).

Dans Chrestien de Troyes, mort en 1195, Perceval commence par mériter de s'asseoir à la table ronde d'Artus. Il la quitte pour la queste du Graal, et obtient la garde du précieux calice pendant sept ans, ensuite il se fait ermite et enfin prêtre.

Dans Wolfram d'Echenbach, le prologue tient beaucoup de place. Gamuret, fils du roi d'Anjou, épouse Bélicane, fille du roi des Maures, puis il abandonne sa femme et ses États pour aller en Espagne où dans un tournoi, il conquiert le royaume de Valeis (Valence), et la main de la reine Herzeleide. Il quitte encore cette nouvelle épouse pour guerroyer à Babylone où il périt.

Herzeleide s'enfuit au désert avec son fils Parsifal afin que l'enfant ne suive pas le destin de son père ; mais le futur héros rencontre dans la forêt des chevaliers du roi Artus qui l'emmènent à la cour de Bretagne et lui révèlent son origine.

Le voilà courant les aventures, obtenant la belle reine Conduirramur. En allant à la recherche de sa mère Herzeleide, il rencontre le merveilleux château du Graal où gémit, sous le poids d'un charme fatal, son oncle Amfortas. À peine sorti de Monsalvat il n'a d'autre désir que d'y rentrer. Devant les épreuves renaissantes il désespère jusqu'à blasphémer.

Un ermite l'initie aux mystères du Graal, il retrouve le chemin de Monsalvat, délivre son oncle Amfortas et règne avec la belle Conduirramur tandis que son frère païen, une fois baptisé, va évangéliser l'Inde.

J'ai donné le sommaire des deux versions, quoiqu'elles soient moins favorables à ma thèse que le drame de Wagner.

Le Shakespeare allemand — chose prodigieuse — en cédant à son génie a réalisé la pensée du mythe bien supérieurement aux premiers proférateurs. Il a écrit le drame le plus ésotérique qui soit, sous des aspects exclusivement passionnels.

Quel abîme, entre cette Conduirramur et la synthétique Koundry ; entre l'ermite et Gurnemanz, entre Amfortas ensorcelé, et le pontife coupable.

Nous allons d'abord faire rendre aux noms, la plupart composés, leur sens caché.

Dans le roman de Renart, il y a un certain *Percehaie*, fils cadet du seigneur de *Maupertuis* (mauvais trou), représentant le frère quêteur qui semble un pendant antithétique de *Perceval*.

L'épithète de gallois, doit-elle être lue gaël, du pays des Gals, ou plutôt du symbole déjà employé par la maçonnerie du Xe siècle qui brillait et brille encore au-dessus de la croix terminale des clochers ? Dans le roman de Renart, où l'intention se montre à découvert, le coq Chantecler figure le troubadour sans cesse en éveil pour déjouer les trames de Renart et avertir le peuple.

La Table ronde est une figure parfaite et qui empêche qu'il y ait premier ni dernier. Il s'agit en effet de perfection et de fraternité, mais d'une perfection prouvée par des hauts faits, trempée dans les épreuves et d'une fraternité basée sur le secret le plus absolu.

Le Cycle étant breton, peut-on voir dans la conception de cette Massénie un avatar de l'esprit druidique ?

L'idée initiatique du Saint-Graal a-t-elle été rapportée de Palestine par des croisés ?

La règle du Temple, dont le plus ancien manuscrit est du XIIIe siècle, fut annexée au procès-verbal du concile de Troyes (1128), où Hugues de Payns se présenta avec plusieurs compagnons.

Cette règle rédigée sous l'inspiration de saint Bernard permet à l'ordre de chercher des recrues parmi les chevaliers excommuniés. *Règle française*, C. 12.

« *Là où vous saurez assemblée de chevaliers escoméniés, là vous commandons d'aller ; et se nul y a que se veulle rendre et ajoustier à l'ordre de chevalerie des parties d'outremer, n'en devez tant seulement attendre le profit temporel comme le salut éternel de l'âme d'eux. Nous le commandons par tel condition à ressoivre qu'il vienne devant l'évêque de la province et lui fasse assavoir son proposement. Et quand l'évêque l'aura entendu et absous, si le mande au Maître et aux frères du Temple et si la vie de celui-ci est honnête et digne de la compagnie d'eux, s'il semble bien au Maître et aux frères, qu'il soit reçu miséricordieusement ; et si il meurt entre-temps, par l'angoisse et le travail qu'il aura souffert, lui soit donné tout le bénéfice de la fraternité d'un des povres chevaliers du Temple.* » (La Règle du Temple, publiée par Henri de Curzon, p. 24.)

N'était-ce pas là un refuge offert aux Albigeois, aux Cathares, aux Parfaits, à tous ces mystiques dissidents qui s'étaient séparés de l'Église pour chercher l'Évangile.

Nous ne possédons que les calomnies et les exécrations ecclésiastiques, sur les Vaudois.

Les réquisitoires du moine de Cîteaux, Alonus, et de Pierre, moine de Vaux-Cernay, prétendent que le mauvais principe, selon le manichéisme, avait inspiré la loi judaïque. Ce qui, traduit en langage actuel, veut dire qu'ils rejetaient la Thora comme incompatible avec l'Évangile ; et en cela, ils étaient d'accord avec beaucoup de bons chrétiens d'aujourd'hui.

En 1176, le concile d'Albi condamne les *bonshommes*.

On les appelait aussi cathares (purs), pifres, patarins, poplicains, passagers.

En 1147, saint Bernard alla en Languedoc pour convertir ces hérétiques ; on peut en induire que l'hérésie existait déjà au commencement du XIe siècle.

Cependant, les pauvres de Lyon s'estimaient si peu des dissidents qu'ils demandèrent au Pape la permission de prêcher.

La confession des Vaudois, 1120, déclare : *Fermament tenen tot quand se conten en li doze articles del symbolo.*

Saint Bernard déclare : « Il n'y avait pas, en apparence, de discours plus chrétiens que les leurs, et leurs mœurs étaient aussi éloignées que possible de toute espèce de souillure. »

L'hérésie médiévale fut avant tout, un mouvement anticlérical : beaucoup de fidèles, les plus ardents, scandalisés par le césarisme romain, rêvèrent un catholicisme évangélique et créèrent un clergé secret.

Les mœurs préconisées par les hérétiques étaient la condamnation de celles pratiquées par le clergé romain. Un saint incomparable nous montre, sous le nimbe de la canonisation, le type idéal du bonhomme, ou parfait ou cathare, et ce saint, qui fut un troubadour d'abord, ce saint qui ne ressemble à aucun autre, paraît presque une incarnation du Povre de Lyon.

Le povre d'Assise accomplit le miracle de la vie évangélique, parce qu'il rejeta tout esprit de discussion et de controverse, et ne se manifesta que par l'exemple, sans accuser ni vitupérer les clercs.

« La règle des Frères Mineurs consiste à observer l'Évangile, à vivre sous la loi de l'obéissance, sans posséder rien en propre, et en gardant la chasteté. »

Ce que contenait de légitime et d'idéal l'hérésie se trouve proclamé en ce peu de mots. Pauvreté et Chasteté devaient passer, sous la condition de l'obéissance. Ainsi l'Église s'enrichissait de vertus et de beaux exemples, au lieu que hors d'elle, ces vertus et ces beaux exemples devenaient des censures vivantes, des hostilités formidables, des attentats à sa suprématie.

« Hors de l'Église, pas de salut », il faut entendre par l'Église, l'hégémonie vaticane : or, de la fin du Xe siècle jusqu'à la Renaissance, beaucoup cherchèrent le salut hors de l'Église.

On peut être fort honnête homme et parfait chrétien, en blâmant le Pie IX de Castelfidardo, le Léon XIII des concessions et le Pie X de l'inertie.

C'est même d'une conception trop parfaite de la religion que sort souvent l'hérésie.

Aujourd'hui les partis groupent des intérêts ; jadis l'enthousiasme fomentait des mouvements d'âme, et on mourait pour la vérité entrevue.

L'Église a brûlé et massacré plus de saints que le calendrier n'en énumère, au nom de l'unité, conception certes grandiose mais aussi politique que religieuse et plus césarienne qu'évangélique.

Il ne faut pas faire grand état des doctrines dissidentes. Saint Thomas mérite l'admiration qu'on lui dédie et les formules hérétiques ne valent l'enseignement orthodoxe ni pour la profondeur, ni pour la clarté. Toutefois l'anti-cléricalisme des Vaudois fut légitime ; ils protestaient contre la féodalité sacerdotale, aussi abusive, onéreuse et injuste que la tyrannie du *noble homme*. L'implacabilité des clercs n'égalait que leur indignité. Le Christianisme impose aux prêtres un devoir très difficile parce qu'il engage le cœur et que, ni la science, ni l'étroite observance ne tiennent la place de la divine charité.

Or, le nom de Renart (*re*, roi, *art*, artifice) fut forgé pour désigner le clergé. Il y a tellement loin de ce roi du mensonge à l'esprit de l'Évangile que la révolte des consciences s'explique. Savonarole était un saint et il appelait Alexandre VI un antéchrist : les chrétiens exterminés en Aquitaine pensaient simplement comme Savonarole.

À la violence sanguinaire de la répression, au zèle de l'Inquisition, à son instauration même, à l'extermination sans pitié que commanda l'Église, au nombre des échafauds, à la prodigieuse tuerie, mesurons l'importance de l'hérésie. Rome n'eut pas traité les Occitaniens comme des Turcs, ordonnant une croisade contre eux, si elle n'eût estimé qu'un péril immense la menaçait.

Pour pénétrer l'ombre épaisse du XIe siècle il faut séparer d'abord la chevalerie de la féodalité.

Un Raoul de Cambrai est un sauvage : « Plantez ma tente au milieu de l'église, faites mon lit sur l'autel, posez mes faucons sur le crucifix. » Aubri le Bourguignon assassine un jour, ses quatre cousins et souille la couche de deux de ses hôtes. Ogier apparaît un monstre aussi. Le preux commence avec Roland (1095).

M. Léon Gautier attribue à l'Église la métamorphose d'Ogier en Roland. Outre qu'on rencontre des athées dans les chansons de geste, tel Goumadras dans « Garin » il faut distinguer entre les chansons à prétention historique et le roman d'aventures qui fut créé pour servir d'expression à l'hérésie. Dans ses noms comme dans ses péripéties, elle recèle ce qu'on peut appeler le secret des troubadours, qui est aussi celui des chevaliers.

Pour le critique orthodoxe, la Table ronde représente la décadence de la chevalerie, malgré la délicatesse des amours, la noblesse des sentiments, en un mot la civilisation qui s'y affirme.

Deux courants ont continué pendant des siècles à opposer idéal contre idéal ; *Perceval* et le *Couronnement Looys*. Au XIIIe siècle, le roman d'aventures avait déjà détrôné la chanson de geste brutale mais orthodoxe.

Pierre de Blois, au XIIe, constate l'anticléricalisme des ordres militaires. « À peine ont-ils reçu le baudrier chevaleresque qu'ils s'élèvent tout aussitôt contre les oints du Seigneur, s'en prennent au patrimoine du Crucifié… »

L'Église essaya de mettre la main sur la chevalerie ; l'office *Benedictio novi militis* en fait foi ; il ritualise l'adoubement et le cléricalise.

Guerre, chasse et tournoi formaient la trilogie féodale, et les barons seraient restés longtemps de courageuses brutes, si la chevalerie n'eût été une institution ouverte où tout chevalier avait le droit de faire des chevaliers, sans aucune sanction d'ordre collectif. De là, des chevaliers errants comme Renaud de Montauban, des chevaliers sauvages comme Guidon.

« Il est indubitable, dit Fauriel, que dans tous les pays d'Europe, il y eut une classe particulière qu'on désigna sous le nom de chevaliers errants. »

Je choisirai comme preuve de l'ésotérisme des romans d'aventure *Aucassin et Nicolette*, écrit à la fin du XIIIe et dont Gaston Paris a remarquablement commenté la valeur littéraire, sans en pénétrer la signification sectaire.

Cette *chante-fable* se recommande d'abord, par les noms des personnages, à notre attention.

Garin (guérir), comte de Beaucaire, a pour ennemi le Seigneur de Valence (*Valore* et *Vilta* du Dante) et s'appelle Bougars (bulgare). Le chevalier de *Flore et Blonchefor* n'est-il pas roi de Hongrie et de *Bougrie* ?

Or, l'expression court encore dans le peuple « un bougre, un bon bougre » pour signifier le compagnon fier et loyal, vaillant et serviable.

Le fils de Garin se nomme Aucassin (*auca*, oison, *ase*, âne). C'est un ingénu, un pur fol qui ne veut pas entrer dans la chevalerie féodale et ne songe qu'à sa mie Nicolette.

Celle-ci est originaire d'Orient, et Garin ne veut pas d'elle pour bru ; il charge son vicomte ou vidame d'enfermer la pauvrette. « D'elle n'avez que faire. Votre âme irait en enfer et vous n'entreriez jamais au Paradis. » — « Au Paradis » répond Aucassin « sont vieux prêtres, vieux boiteux, vieux manchots, vieux moines en guenilles ». Il veut bien aller en enfer pour y trouver compagnie de bons clercs, de bons chevaliers, des joueurs de harpe et des jongleurs. « Si vous lui parlez seulement » répond le vicomte, « votre père nous ferait brûler *elle et moi* ».

Est-il besoin de souligner l'invraisemblance d'un mariage mal assorti qui mène en enfer.

L'évocation du bûcher ne correspond-elle pas à l'idée d'hérésie ?

Aucassin est identique au Pérédur des Mabinogions, le pur sachant par pitié, c'est un croyant, un mystique et non pas un amoureux.

Si on étudiait le sens caché de la littérature médiévale, la Renaissance cesserait de paraître une subite résurrection de l'Antiquité[1].

Le néo-platonisme pénètre déjà profondément nos romans d'aventure, et lorsqu'il se montre ouvertement sous les Médicis, c'est que ceux-ci lui assurent une protection efficace, contre l'inquisition romaine.

Gémisthe Plethon et Marsile Ficin sont les docteurs officiels de l'antique Albigéisme, comme Dante en est le prodigieux Homère.

La fiction et l'histoire, en ce sujet, se répondent avec un parallélisme singulier : l'ordre du Temple ne réalise-t-il pas l'ordre du Graal, et Monsalvat n'a-t-il pas un nom réel, Monségur ?

Le seul poète qui ait touché à ce grand sujet est Gheuzi : il a su, dans son beau drame sur les Cathares, qu'il appelle Monsalvat mais qui se passe à Monségur, ressusciter l'âme albigeoise, — et l'âme albigeoise, quel que soit le sens un peu flottant de ce nom, est l'âme de Parsifal et manifeste cet ésotérisme du Moyen Âge d'où la Renaissance est sortie.

1. ↑ La lente incubation de *l'humanisme* pendant le Moyen Âge est exposée dans l'opuscule publié par le Mercure de France sous le titre de : « Réfutation esthétique de Taine ».

III

Le Secret des Troubadours

Qui n'a rencontré, dans son enfance, sur les tablettes familiales, un volume du comte de Tressan ou une livraison de la Bibliothèque bleue ? Qui n'a été frappé, en lisant ces romans d'aventures, de leur idéalité et de la conception transcendantale de l'amour qui les distingue de tous les romans postérieurs ? L'amant, dans ces fables singulières, dédie à sa Dame les prouesses du chevalier et les mortifications du moine ; il apporte dans le culte sexuel les rites de l'amour divin et les traits du mysticisme.

Don Quichotte parut aux premières années du XVIIe siècle : jusque-là, c'est-à-dire pendant six cents ans, l'imagination occidentale resta fidèle à Tristan de Léonois, sous les traits du Beau Ténébreux, d'Esplandian, de Galaor, d'Amadis. Cette littérature platonicienne forme une telle antithèse avec les mœurs et les types historiques qu'un doute impérieux surgit dans un esprit attentif. Comment tant d'écrivains, si divers de race et d'époque, ont-ils pu présenter aux générations successives une peinture fabuleuse du phénomène le plus général et le plus permanent, de celui que la littérature reflète toujours exactement ? Peut-on accommoder ces visions d'un âge d'or avec l'impitoyable témoignage des contemporains ?

Les Cours d'Amour ou puys d'amour ou gieux sous l'ormel, ressemblaient-ils au second acte de *Tannhäuser* ou à l'hôtel de Rambouillet ? À la Wartburg, nous assistons à un véritable concours poétique, et chez Julie d'Angennes, comme chez la dixième muse, Mlle Scudéry, on tient bureau d'esprit. La *carte de Tendre* fut un jeu de société avant de paraître dans *Clélie*.

Une Cour d'Amour était véritablement une cour juridique devant laquelle on portait certaines questions et où la plaidoirie s'appelle *tenson* ou *jeu parti*. Des femmes, presque toujours de très hautes dames, prononçaient l'arrêt.

« Cette institution », dit Raynouard, « n'a pas été l'œuvre du législateur mais l'effet de la civilisation des mœurs et des préjugés de la chevalerie. » Michelet ajoute : « L'esprit scolastique et légiste envahit, dès leur naissance, les fameuses Cours d'Amour. » Il cite l'arrêt de la comtesse de Narbonne décidant que l'époux divorcé peut fort bien redevenir l'amant de sa femme mariée à un autre. Quel auteur dramatique aujourd'hui oserait une semblable thèse ?

Nous avons, sous le pseudonyme d'André, chapelain du roi de France (?), un code d'amour en trente et un articles. Voici le premier et le dernier : « Le mariage n'est pas une excuse légitime contre l'amour. »

— « Rien n'empêche qu'une femme soit aimée de deux hommes, ni qu'un homme soit aimé de deux femmes. »

De pareilles formules si follement immorales ont-elles jamais été promulguées par une comtesse de Provence, de Champagne ou de Flandre ? Michelet fut tellement frappé du cynisme des Cours d'Amour qu'il attribue le zèle du Nord dans la croisade contre les Albigeois à l'écœurement produit « par la *jurisprudence des dames du Midi* » !

Si la Cour d'Amour avait été une fantaisie telle que la montre le Bosquet des heureux dans le *Triomphe de la Mort* de Pise, et que la mode s'en fût répandue avec fureur pour disparaître comme toute mode, il n'y aurait pas lieu de s'attarder sur cette manifestation de la vie élégante et oisive. Mais, dès le Xe siècle, la Provence possède ces tribunaux singuliers ; on les retrouve encore quatre siècles plus tard et ailleurs qu'aux bords Rhodaniens.

En l'an mil, le roi Robert épouse la fille de Guillaume de Provence ; et avec la belle Constance, comme avec Éléonore de Guyenne, le *gay savoir* pénètre dans les cours du Nord.

Jadis, populairement un papegay était un perroquet. En provençal, un gal est un coq, ce même coq qui domine énigmatiquement la croix de nos églises, symbole attardé du mythe solaire. Le gay savoir représentait donc l'art de parler, et pour une époque où le libre parler menait à l'*in pace* ou au bûcher, l'art consistait à parler sans être entendu du profane, à chanter innocemment comme un coq ou à répéter en apparence sans cesse les mêmes choses comme un perroquet. Ceux qui avaient pris le coq pour emblème, les Gaults sont les auteurs de cet incomparable style gauthique[sic] né en Île-de-France. Il faut les considérer comme une secte artistique, et non comme ressortissant de ces horribles Goths d'Espagne que déteste Grégoire de Tours. Les Gaults, tailleurs de pierres ou trouveurs, furent des chrétiens ennemis du Pape, contempteurs du clergé, à la fois visionnaires et séditieux, mais d'un idéalisme transcendantal.

Pour Sainte-Beuve, Rabelais est un désopileur de rate ; le commun des lecteurs pourrait donc croire que les troubadours étaient des épicuriens, on dirait aujourd'hui des jouisseurs. « Gracieuse mais légère, trop légère littérature qui n'a pas connu d'autre idéal que l'amour, l'amour de la femme ! » Ainsi Michelet prononce peut-être légèrement aussi, faute d'avoir brisé « l'os médullaire où gît la substantifique moelle ».

Le catholicisme latin renonça très tôt à l'ésotérisme ; entêté d'un rêve césarien il prétendit administrer la conscience universelle à la romaine. Sans grands ou petits mystères, sans initiation, le clergé pensa réaliser l'égalité, la plus impossible qui soit, celle des âmes. L'élite se révolta ; il ne fallait pas être grand clerc pour découvrir que l'Église ne réalisait pas la pensée évangélique ; de là, à se proposer un idéal plus pur, le pas fut vite franchi. Comment se constitua la nouvelle religion ? Les écrivains religieux ne voient plus clair au seul mot d'hérésie : et il s'agit ici de libre pensée ; non de cette libre pensée négative qui repousse la religion même, mais d'une floraison d'individualisme mystique. Sans déterminer la doctrine qui plus tard fut dite Albigéisme, il fallut trouver un mode de prédication et de groupement, une accommodation pratique entre la ferveur prosélytiste et la sécurité.

Qui n'a pas le droit de montrer son visage met un masque. Celui du *joculator* ou jongleur s'offrait, excellent pour la propagande. Les hérétiques devinrent donc troubadours en Provence, et trouvères dans le Nord, *guillari*, hommes de joie en Italie, minnesingers en Allemagne, scaldes en Norvège, ménestrels au pays de Galles…

On a remarqué les formes exactement juridiques des Cours d'Amour, il faut noter aussi la hiérarchie des jongleurs. « Pour être jongleurs », dit Fauriel, « il fallait une mémoire extraordinaire, une belle voix, bien chanter, bien jouer de l'instrument dont on s'accompagnait et de plus la connaissance de l'histoire, des traditions, des généalogies. » Il y avait les fils majeurs et les fils mineurs, analogues aux diacres et aux sous-diacres.

Tous les degrés de l'échelle sociale sont représentés parmi les adeptes du gay savoir : on y trouve des rois comme Richard Cœur de Lion et Pierre d'Aragon, de puissants comtes comme guillaume de Poitiers, des chanoines comme Pierre Roger, de simples pelletiers comme Pierre Vidal. Les pellegrini d'amour dont parle Dante, autrement dits chevaliers errants, étaient nombreux et actifs, puisque en 1241, Henri III d'Angleterre mit une taxe sur eux. Il existe une constitution de Jacques Ier

d'Aragon défendant de faire aucune libéralité au jongleur et au chevalier sauvage.

On pourrait multiplier les témoignages sur la connexité de la chevalerie, du gay savoir et de l'amour platonique.

Les mêmes textes nous montrent la simultanéité de la prouesse, de la chanson et de la passion idéalisée. Mais l'héroïsme, le lyrisme et l'amour sexuel n'ont jamais été des phénomènes collectifs et la critique historique vient substituer à ces merveilleuses fictions de sévères réalités et des intérêts autrement graves.

Chevaliers sans peur et sans reproche, ardents au point d'étonner l'imagination par leurs hauts faits et si chastes qu'ils se contentaient d'un baiser, pour consolement ; dames belles comme Kypris, vertueuses comme des madones, plus doctes que Sapho et Diotime ; Cours d'Amour où la beauté décerne la louange et le blâme sur la matière amoureuse ; troubadours célébrant, comme Wolfram dans Wagner la justice du glaive et la gloire de beaux yeux et pour cette célébration allant du midi au nord, joyeux, lyriques ; cette surhumanité enivrée d'amour et de poésie forme un tableau tellement admirable, qu'avant comme après cet âge d'or, on ne découvre que barbarie et dépravation.

Tout cela n'est qu'un mirage littéraire.

Dans une civilisation théocratique, l'indépendance revêt un caractère d'hérésie et le séditieux politique s'appelle un impie. L'Église, se croyant héritière de l'empire romain parce qu'elle en foulait la poussière voulut passionnément, aveuglément, réaliser l'unité spirituelle, en Occident. Une réaction des consciences se produisit, qui devint bientôt doctrinale. L'homme toujours conçoit un idéal différent de celui qu'il voit réalisé : cette inquiétude ou mieux ce désir d'autre chose constitue l'instinct de la vie spirituelle. Or, l'Église en le comprimant l'exaspéra et un nouveau christianisme naquit.

Sa composition gnostique suivant les uns, manichéenne suivant les autres, exigerait une dissertation entière. Il nous suffira de lire dans la chronique de Turpin : « L'intention de Charlemagne était d'établir, dans la chrétienté, *trois* sièges apostoliques. Le premier à Rome, le second en Galice, le troisième à Éphèse, de telle sorte que tous les différends, tant de la discipline que du dogme, eussent été portés et jugés à ces trois sièges principaux. »

On reconnaît aisément les pèlerins de Saint-Jacques et les Johannites ou templiers dans ces Églises dissidentes, dont le troubadour demandait la reconnaissance.

Je ne dirai pas que le cor de Roland symbolise l'appel hérétique, que le rocher qu'il brise en trois coups est celui qui sépare les orthodoxes des parfaits : ce sont là des exagérations de commentateurs. Toutefois, les *sirventes* vocifèrent à l'envi contre le clergé romain ; un seul troubadour fut partisan de Simon de Montfort, et enfin, fait unique dans l'histoire, la langue provençale fut excommuniée, tellement elle était l'idiome hérétique par excellence. Une bulle de 1245 la qualifie ainsi, et interdit son usage aux écoliers.

N'oublions pas, dans cette étude, que l'Inquisition fut créée par Innocent III pour lutter contre les Albigeois, et qu'il ne fallut pas moins qu'une croisade d'extermination pour rassurer la Papauté. Cette secte, si puissante qu'elle poussa l'Église à une telle défense, comptait comme fidèles la totalité des troubadours. Leurs poèmes, sous des traits romanesques, ne racontent que des faits d'ordre religieux.

Il fut un temps, au Xe siècle, où le carnassier nommé vulpis, en latin, s'appelait goupil ou vorpil en français. Depuis un certain roman où il représente le clergé romain, il s'appelle Renart ; *re in art*, roi en artifice. « *Al Renart nous signifie qui sont plains de félonie.* » Il habite *Maupertuis*, *Malebolgie* du Dante avec sa femme Ermeline (*erm* désert, *linh* lignage). La nonne a trois fils : Malebranche, reproduit par Dante, *Percehaie*, le quêteur en opposition à Perceval le vrai missionnaire, et *Rougeot* (le cardinal).

Yssengrin (*issir* sortir, et *engres* violence), représente le baron féodal et brigand, l'être de proie embusqué dans son burg. La femme du connétable, Hersent (*erz* élevé), est Rome, sommet de la hiérarchie en opposition à *Cortoise*, femme de Bélin (agneau innocent). Renart et Yssengrin, le clergé et la noblesse orthodoxes, ne se méfient pas de Frobert le grillon ou le troubadour, qui semble chanter pour son propre soulas.

Orgueilleuse ou fière, femme de *Noble*, le lion, roi de France, se laisse séduire par Renart. Remarquons que Blanche de Castille a un lion dans son blason, et qu'on la soupçonne d'avoir trop écouté le légat du Pape. — *Harouge*, femme du Léopard, se laisse prendre aux artifices du Renart. Ce dernier a une nef (celle de S. Pierre), « si fons est de male pensée et s'est de traïson bordée et clouvé de vilonnie. Le mât est de tricherie, les cordes de fourberie, les câbles de haine, l'ancre de malice et de foi mentie, la sentine de désespoir, sans repentir ». La diatribe ne saurait en plus dire. Il faut évoquer Aristophane, pour trouver une œuvre satirique aussi admirable et aussi audacieuse que celle qu'on pourrait intituler le roman de Blanche de Castille (*Hersent*), et de Romain de Saint-Ange, légat du Pape (*Renart*).

Guillaume IX, comte de Poitiers, est le plus ancien troubadour dont nous ayons les poésies. « Ses mœurs étaient si dissolues », dit Michaud, « qu'il avait établi à Niort une maison de débauche en forme de monastère » ; on aura trouvé maison de *joi*, et on aura traduit littéralement, sans songer que la *joi* fut une foi pure et ardente. Ce grand ambitieux nous raconte qu'il rencontra deux femmes « s'en allant en Auvergne, par Limoges » (c'est la route de Toulouse pour qui part de Poitiers) Ermessen (*esser* être, *erm* désert), femme de Bernard, l'âne-prêtre et Agnès, épouse de Garin (*garir*, guérir), Guillaume fait le muet ; les deux dames le soumettent à une bizarre épreuve, aux griffes d'un chat. Voyant qu'ainsi il ne se dément pas de son silence, il tire des dites dames ce qu'il veut. Ermessen et Agnès figurent Rome et Toulouse le chat correspond à l'Inquisiteur.

Par deux fois, l'ambitieux seigneur fut dépossédé du comté de Toulouse : il se lamente sur cette déception qu'on a pris[sic] pour une plainte amoureuse.

« De l'amour, je ne dois dire que du bien, quoique je n'y gagne la moindre chose. Je n'ai jamais été heureux pour avoir aimé et ne le serai jamais. J'obéis à mon cœur et je sais que c'est en vain. Ah ! le proverbe dit vrai que celui qui a grand vouloir ait grand pouvoir, sinon malheur à lui ! Quiconque veut aimer doit servir tout le monde. Il doit faire de nobles actions et dire de nobles paroles à la Cour. »

L'amour ici veut dire la religion d'amour à laquelle Guillaume s'était affilié dans l'avide dessein de conquérir Toulouse, foyer de la secte.

Aujourd'hui le lecteur même instruit ne croit guère à ces œuvres écrites par dedans et par dehors qui présentent deux sens distincts, l'un romanesque et l'autre doctrinal, et pour lui, Tristan de Léonois incarne seulement l'amour à son paroxysme : ainsi Wagner nous l'a montré. Dans le poème primitif, Tristan est un *parfait*, un missionnaire d'amour ; il tue le Morhout irlandais (le moine) qui enlevait chaque année des jeunes hommes et des jeunes filles (pour ses couvents). Yseult, nièce de Morhout, veut venger son oncle, mais convertie par Tristan, elle devient l'Église irlandaise. Le héros triomphe d'un dragon crestré ou mitré (un évêque). L'écuyer *Governal* (gouvernail), *Brangien* (prudence) et le messager *Perinis* (constant) sont les seuls amis de Tristan. Trois géants projettent leur ombre effrayante sur le poème : le géant de la forêt « qui fit sa viande de sa propre mère ; le géant Brunor, sorte de Polyphème ; enfin Estult (stultus), l'orgueilleux, qui a six frères (les six autres péchés) ; il frappe rois et empereurs, se fait livrer leurs barbes et forme d'icelles la fourrure de son manteau ». L'hommage de la barbe symbole de puissance, ne figure-t-il pas la suzeraineté que le Pape veut imposer aux plus grands. On voit Tristan en ladre, en joueur de glavel, sous tous les déguisements ! N'importe, en passant par la chapelle de la falaise il fait le *saut*, il abjure pour échapper au bûcher. Yseult n'arrive à Blanche Lande qu'après avoir évité le *Malpas* et passé le *Gué aventureux*.

À un moment le héros doit quitter sa dame et il épouse une autre Yseult aussi belle que l'autre, *belvezer* : mais blessé dans un combat contre l'orthodoxie, il succombe.

La chevalerie amoureuse est-elle née sur les lèvres des troubadours ou bien ceux-ci l'ont-ils adoptée et chantée ?

Il faut se borner à ruiner la version courante d'une exaltation exclusivement sexuelle.

Le feignaire, le prégaire, l'entendeire et le druz sont les quatre degrés de l'initiation. « Après des épreuves plus ou moins longues », dit Fauriel, « le chevalier était accepté pour serviteur par la dame de son choix ; à genoux devant elle et les deux mains dans les siennes, il se dévouait jusqu'à la mort. La dame lui présentait un anneau et lui donnait un baiser, souvent le seul qu'il devait recevoir et qui s'appelait *consolement* ». Celui qui se consacrait au culte d'une dame se faisait couper les cheveux ou tonsurer. Vraiment voilà d'étranges façons !

Le troubadour Granet conseille à Sordel le Mantouan de se faire tondre à l'imitation de cent autres chevaliers qui se sont fait raser la tête pour la comtesse de Rhodez.

On admettrait qu'un amant se fît raser la tête dans un élan passionné ou suivant un courant de la mode ; mais cet amant admettraitil que cent autres fussent agréées[sic], au même degré, par sa dame ? Cent galants bien comptés, fussent-ils les plus platoniques du monde, quelle invraisemblance !

Geoffroi Rudel s'éprend de la comtesse de Tripoli, sur la seule renommée de ses vertus, il passe la mer pour la connaître et en la voyant expire à ses pieds.

La comtesse de Tripoli ne serait-elle pas la comtesse de Toulouse et de Tripolitaine, Dame-Loge ?

Pierre Vidal, amoureux de Loba (louve) de Penantier, se couvre d'une peau de loup pour lui plaire : mais les bergers et leurs chiens le harcèlent, le mordent. On le porta chez la dame Loba : elle et son mari prirent soin du troubadour et le guérirent. Cette histoire de loup-garou se traduit ainsi : La paroisse de Penantier appartient au giron orthodoxe. Vidal prend le déguisement romain ; les sectaires croient à son apostasie et le malmènent jusqu'à ce qu'il se fasse reconnaître.

Nostradamus raconte qu'une gentifemme d'Avignon, convaincue d'avoir vendu son amour, fut chassée de la ville. Elle avait certainement vendu autre chose. À Signe, à Pierrefeu, à Romanin, sous le règne d'Ildephons Ier, de Raymond Bérenger, de Robert, siégeaient des cours d'amour : nous avons la liste des dames qui présidaient. La belle Laure de Sade, amie de Pétrarque, fut instruite par sa tante. Estephannette de Gantelme, tenait cour ouverte et jugeait en dernier ressort tous les crimes de séduction, de rapt.

Les auteurs ecclésiastiques accusent les Bonshommes ou parfaits d'avoir nié l'utilité du mariage et préconisé la communauté des femmes. Or, dans la religion provençale, on appelait mariage l'obédience à l'orthodoxie romaine, et amour l'affiliation à la doctrine occitanique : telle est la clé initiale de toute la littérature amoureuse. On sait, du reste, que la plupart des chevaliers et des troubadours étaient mariés.

Rossetti consacra cinq volumes à son *Mystère de l'amour platonique* au Moyen Âge ; nul ne réduira un tel sujet à quelques pages. L'amour sexuel n'a jamais pu devenir une religion avec des rites, une hiérarchie, des missionnaires et des martyrs. La dame des troubadours est la doctrine ; lorsqu'elle porte un nom de lieu elle est dame diocèse, dame-paroisse, dame-loge. On comprend ainsi ces troubadours plus amoureux à quatre-vingt-un ans, et que la profession d'orthodoxie romaine (mariage) n'empêche pas l'affiliation (l'amour) ; enfin qu'une dame-loge peut avoir deux adorateurs (pasteurs) et qu'un adorateur (pasteur) peut desservir deux dames-paroisses.

Ces rimeurs, ces viveurs, ces passionnés amants vivant en grand soulas, allant de châteaux en châteaux, sont des hommes austères que l'indignité cléricale exaspère et qui se proposent de pratiquer et d'enseigner un christianisme plus évangélique et surtout plus johannique que celui de Rome. Les troubadours sont des prêtres ou pasteurs beaucoup moins sensibles aux charmes féminins que les prêtres orthodoxes.

Le chevalier au cygne, Lohengrin, fils de Parsifal, est un parfait et le grand récit du dernier acte exprime admirablement l'esprit de cette Templerie qui n'a d'amoureux que le masque. Autour de la Table ronde (figure parfaite) et au pied du Graal, relique confiée par les anges aux hommes les plus purs, on retrouvera, avec quelque attention, une croyance qui, bien avant la Réforme, a mis en péril l'unité catholique et qui seule donne un sens complet à l'œuvre occidentale tant littéraire qu'artistique qui s'étend de l'an mil à la fin du XVIe siècle.

Il y a, dans la bibliothèque du Vatican, des archives très secrètes qui n'ont jamais été communiquées à personne, et qui se sont augmentées de tout ce que le dernier légat emporta du Palais des Papes d'Avignon. Elles contiennent le véritable secret des troubadours de Provence et des hérétiques d'Aquitaine. L'Église a continué, par une séculaire volonté de silence, l'extermination d'Innocent III et l'abolition des Templiers.

Franciscains et Dominicains ont travaillé avec un zèle ardent à éteindre et à déshonorer un christianisme qui eut des héros, des martyrs et inspira le plus grand poème de notre ère. Les romans de chevalerie, spirituellement, aboutissent à la *Divine Comédie*. Quelques-uns, Rossetti, le père du peintre préraphaélite, Arnoux, un érudit méconnu, ont aperçu quel rêve de justice, de charité et de beauté fut conçu en Occitanie et de là se répandit par l'univers, enchantant les imaginations.

Mistral, en ressuscitant la langue provençale, n'a pas voulu rendre la vie à l'idée provençale et il a été sage.

Notre temps ne comprendrait plus une foi anticléricale, un mysticisme indépendant. Mais le cours des recherches historiques amènera fatalement les érudits à découvrir que la libre pensée occidentale florit d'abord dans le midi de la France, qu'elle inspira le génie du Moyen Âge d'apparence si orthodoxe et que les troubadours étaient des chrétiens dissidents dont la doctrine fut immortalisée par le plus grand des poètes modernes et des troubadours : Dante Alighieri.

IV

Les Deux Don Quichotte

Il n'y a qu'un Cervantès, mais il y a deux *Don Quichotte*. Beaucoup, parmi les admirateurs du premier, ignorent le second ou le méconnaissent sur la foi de Cervantès lui-même, qui termine ainsi son dernier chapitre :

« Oui, pour moi seul naquit Don Quichotte et moi pour lui. Il sut opérer et moi écrire. Il n'y a que nous seuls qui ne fassions qu'un, en dépit de l'écrivain supposé de Tordésillas, qui osa ou qui oserait écrire avec une plume d'autruche grossière et mal affilée les exploits de mon valeureux chevalier. »

L'écrivain supposé de Tordésillas signait Fernandez Avellaneda : on n'a pu jusqu'ici l'identifier.

En 1514[sic] parut à Tarragone le second volume de l'ingénieux hidalgo Don Quichotte de la Manche contenant le récit de sa troisième sortie et la cinquième partie de ses aventures.

Depuis 1605, Cervantès avait laissé son héros dans la cage de bois, ramené à son village sous l'escorte du barbier et du curé. Il éprouva un violent dépit à voir son œuvre continuée par un intrus et il se hâta de publier sa seconde partie (1615). Les derniers chapitres débordent de rancœur contre le coucou littérateur qui venait si audacieusement planter sa plume dans le nid de son invention.

Par un fanatisme rare et curieux, les admirateurs de Cervantès décrièrent la contrefaçon d'Avellaneda et même brûlèrent nombre d'exemplaires : ce qui la rend fort rare, quoiqu'elle ait eu deux éditions, outre celle de Tarragone.

Or, il se trouve, aux yeux du lecteur indépendant, que le pseudo Cervantès a un talent réel. Il dit dans son prologue :

« L'histoire de Don Quichotte est presque entièrement une comédie ; elle ne peut et ne doit donc pas aller sans prologue. Voilà pourquoi j'écris celui-ci en tête de cette seconde partie des hauts faits du héros… Sans doute Cervantès ne trouvera pas ici la supériorité de son talent, ni l'abondance de relations fidèles qui se rencontre sous sa main. Ici, je mets *sa main*. Cervantès nous apprend qu'il n'en a qu'une ; aussi pouvons-nous dire de lui qui parle tant et de tant de choses, que vieux par l'âge quoique jeune d'esprit, il a plus de langue que de mains. Sans doute encore Cervantès se plaindra de mon travail, il dira que je lui enlève le profit de la seconde partie, du moins il reconnaîtra que nous tendons tous deux à une même fin qui est de combattre à outrance les livres de chevalerie. La suite qu'on va lire diffère beaucoup de l'œuvre de Cervantès d'autant que mon *humeur est le contraire de la sienne.* »

Le lecteur s'intéressera probablement à l'analyse de ce curieux ouvrage.

Don Quichotte persuadé qu'il devait subir un enchantement de soixante et dix années se résigne et par de pieuses lectures prépare son salut, se plaisant à la *Fleur des saints* où il est question de saints errants et mendiants.

Sancho apporte, entre-temps, un roman de chevalerie que lisaient les jeunes gens d'Argamasilla et l'imagination de l'hidalgo de nouveau s'enflamme. Des seigneurs de Grenade se rendant aux tournois de Saragosse séjournent dans le bourg ; l'un d'eux loge chez Don Quichotte et lui laisse à garder une armure milanaise.

Comme Achille à Scyros se révèle à la vue d'une épée, notre héros ne résiste pas à la vue du harnois chevaleresque ; il l'endosse, il a tôt fait de convaincre Sancho et voilà le preux et son écuyer en chemin pour Saragosse. Comme autrefois, la moindre rencontre devient fantastique ou romanesque, les auberges semblent des manoirs et Maritorne apparaît une princesse réduite en esclavage par un sorcier.

Bientôt Don Quichotte s'intitule le *chevalier sans amour*, il renie Dulcinée du Toboso ; et comme auparavant il voulait faire confesser aux passants que sa maîtresse était la perle du monde, maintenant, il entend contraindre les gens à déclarer qu'aucune femme ne mérite d'être aimée. Il s'en prend au gardien d'une melonnière qui le met en mauvais point ; et continue sa route, après sa convalescence.

Le Sancho de Avellaneda manque un peu d'ingénuité, il parle de tuer à Saragosse une grosse de géants et de Fierabras, de rapporter six géants en saumure et de faire tous les habitants du village, au moins, chanoines de Tolède !

À peine arrivé, Don Quichotte s'érige en justicier, il tente de délivrer un homme condamné au fouet. On l'emprisonne et il ne doit sa délivrance qu'au seigneur de Grenade, celui qui lui avait laissé l'armure milanaise et qui, reconnaissant son hôte aux cris que pousse Sancho devant la prison, parle au juge, délivre l'hidalgo et lui offre à son tour l'hospitalité.

L'ingénieux visionnaire trouve chez les amis du seigneur de Grenade un accueil indulgent. Il court la bague, en reçoit le prix, pour l'offrir à la plus indigne d'être aimée, parce qu'il s'appelle maintenant le chevalier sans amour.

Comment le preux voit un géant qui le provoque à combattre à Madrid sous quarante jours serait long à conter ; mais il accepte le cartel et se met en route. De nombreuses rencontres fournissent des épisodes et des dissertations. Des soldats, des chanoines, passent, picaresques et pittoresques. À Ségovie, Sancho affiche partout les défis de son maître et pour cela tâte de la prison ; mais l'humeur chevaleresque le prend par contagion et il sauve une vieille aubergiste liée demi-nue à un arbre par des brigands. La conversion de Sancho à l'héroïsme, quoique peu sincère et peu profonde, gâte sa physionomie de bas jouisseur et de raisonneur terre à terre. Il n'est pas dans le caractère de l'écuyer de chercher querelle et d'obliger son adversaire à s'en aller faire amende honorable, corde au cou, à Mme Sancho, ou de prendre la vieille aubergiste pour la reine Zénobie.

À Alcala, le trio rencontre à l'auberge une troupe de comédiens qui joue *L'Imposture punie* de Lope de Vega. Cette imposture est celle d'un fils dénaturé qui accuse sa propre mère d'adultère avec un domestique. Don Quichotte s'indigne et provoque l'acteur qui joue le mauvais fils.

Alcala est le théâtre d'autres démences. Au bruit d'une fanfare, qui pour Don Quichotte annonce toujours un tournoi, il s'arme de pied en cap et sort, la lance au poing.

Les étudiants promènent un char allégorique où trônent les Vertus qui ne sont que des étudiants costumés, mais qui paraissent à Don Quichotte des princesses opprimées. Naturellement il veut les délivrer et se fait assommer une fois de plus.

Nous suivons notre visionnaire à Madrid où il retrouve le seigneur de Grenade. Celui-ci amène l'hidalgo dans son palais, et de concert avec ses amis il feint de le prendre au sérieux.

Quand on a accepté le cartel d'un géant, on ne l'oublie pas ; et notre héros, au jour dit, se trouve en présence d'un géant de carton qu'anime un laquais. Il s'avance avec sa bravoure habituelle, le cartonnage s'effondre pour laisser voir une dame en grand apparat. C'est Barberine, fille du roi de Tolède, qui lui demande, au nom de son père, l'aide de sa fameuse épée.

Le seigneur de Grenade et ses amis s'inquiètent cependant des effets de leur mystification qui achève d'affoler l'illuminé de la Manche.

Ce qu'il trouve de mieux est de mener Don Quichotte à l'hospice des fous sous couleur de le présenter au roi de Tolède. Auparavant la reine Zénobie a été mise au couvent et Sancho a pris du service dans une maison où l'on mange bien.

Celui qui appelait Don Quichotte le Benjamin des enfants de son esprit n'aurait jamais eu ni le mauvais cœur ni le mauvais goût de le mettre parmi les aliénés.

Avellaneda se proposait-il de continuer sa contrefaçon ? Il semble l'annoncer en écrivant :

« On assure que notre héros sortit de l'asile tout à fait guéri : mais sa fantaisie le reprit bientôt ; il acheta un cheval, attendu que Rossinante avait fini ses jours au service de l'asile et il parcourut la Vieille-Castille où lui arriva des aventures inouïes sous le nom de *chevalier des misères*. Il se trouvera une plume meilleure que la nôtre pour les rendre célèbres. »

On admire de l'excellent comique dans cet ouvrage ignoré et méprisé à tort. M. Salva a dit : « Si le *Don Quichotte* de Cervantès n'existait pas, celui d'Avellaneda serait le meilleur roman de l'Espagne. » Germond de Lavigne avait annoncé une traduction de ce fameux apocryphe, qui supporte la lecture et pourrait aisément passer pour l'œuvre de Cervantès.

Récemment, une manifestation honorait le blessé de Lépante. L'occasion était belle pour réformer le jugement des manuels littéraires. On lit partout que Cervantès écrivit son livre pour ruiner le prestige des romans de chevalerie et disperser au souffle du bon sens la fantasmagorie idéaliste. Devant la critique, Cervantès représente un homme plein de goût et de raison qui s'élève, à la Boileau, contre un genre faux et qui se moque de la matière chevaleresque comme Molière du ton précieux. Malheureusement les commentateurs ont été paresseux et ne lurent jamais l'œuvre entière de Cervantès.

En 1615, en dédiant la seconde partie du *Don Quichotte* au comte de Lemos, il annonçait *Persilès et Sigismonde* qu'il considérait comme son chef-d'œuvre et qui, de l'avis des Espagnols, est écrit avec infiniment plus de soin et de correction. On tient, au delà des monts, le *Persilès* comme l'ouvrage le plus classique de toute la littérature espagnole. Eh bien ! le *Persilès* objet de tant de soins et sujet de tant d'orgueil est un roman de chevalerie aussi extravagant que ceux brûlés par la nièce, le curé et le barbier, et digne de prendre place auprès des Amadis. Ce livre très touffu, plein de singularités, de prestiges et de sentiments platoniciens, mériterait une analyse. Il abonde en épisodes et contient trop d'actions diverses pour supporter la narration. Toutefois, il démontre que Cervantès pensait comme Don Quichotte et non comme Sancho. Sa vie réelle, héroïque et misérable fut celle d'un aventurier enthousiaste écrasé par le sort. Valet de chambre du cardinal Acquavura, simple soldat après trois campagnes, estropié à vingt-huit ans, esclave au bagne d'Alger, Cervantès a connu toutes les misères et le *Don Quichotte* qu'on prend pour un colossal et radieux éclat de rire n'est autre chose que le ricanement d'un désespéré, la plus étonnante plainte que l'individualisme accablé ait fait entendre.

L'auteur a rêvé, comme son héros, d'aller par le monde, « redressant toutes sortes de torts et s'exposant à tant de rencontres et à tant de périls, qu'il acquit en les surmontant une éternelle renommée ».

Pour comprendre une critique, il faut connaître le texte : et on s'est mépris sur *Don Quichotte* parce qu'on se méprenait sur Amadis.

Amadiex (*aime Dieu*), comme Aimons (*aimons*), Aymar (*aime art*), est un parfait, c'est-à-dire un hérétique, le pauvre de Lyon, ancêtre du mouvement franciscain et qui annonce le pauvre d'Assise. Que signifie donc le chevalier à la Triste Figure, cette caricature de Tristan ? Et comment concilier ces deux œuvres écrites simultanément, le *Don Quichotte* et le *Persilès* ?

Vers 1600, le grand espoir des hérétiques était perdu. L'opposition gibeline achevait de se déformer, sous l'impulsion luthérienne, et la secte désabusée, vaincue, dispersée, chargea Cervantès de promulguer, *urbi et orbi*, le désarmement général. Cette bulle de licenciement emprunta la forme littéraire, puisque toute la propagande albigeoise l'a revêtue. Mais cette fois, l'écriture s'élevait à une telle perfection, le roman sectaire se trouva être un tel chef-d'œuvre qu'il eut un sort beaucoup plus beau et plus durable que son objet.

Lorsque Montesquieu, le plus léger des hommes sérieux, écrivait dans les *Lettres persanes* : « Les Espagnols n'ont qu'un bon livre, celui qui a montré le ridicule de tous les autres », il voyait le talent comique et ignorait totalement les œuvres des troubadours et leur sens caché, et par conséquent jugeait mal de leur parodie.

Si on répugne à voir dans le *Don Quichotte* une œuvre inspirée par un mot d'ordre maçonnique, elle garderait encore toute sa portée comme l'expression d'un poète exceptionnellement malheureux et qui exhale sa rancœur.

Nous savons que Cervantès était d'un caractère ombrageux. Sa vie ne fut qu'une série ininterrompue de déboires. En la racontant, il aurait produit un récit d'aventures, d'un intérêt restreint il préféra se venger de cet idéalisme qui l'avait perdu et il blasphéma son idéal, il bafoua ses illusions de jeunesse, il produisit sa propre caricature avec une telle intensité que l'humanité amusée ne cessera jamais l'éclat de rire qui a salué cette sinistre composition.

Il ne s'agit pas, comme il paraît aux vignettes du livre, d'une conception démodée de la chevalerie, d'un homme qui se trompe d'époque et veut refaire, au XVIe siècle, des gestes trop antérieurs et en désaccord avec le temps et les mœurs. Le conflit s'élève beaucoup plus haut ; il pose l'antinomie de l'idéalisme individuel et du collectif social.

Don Quichotte en son cœur vaut tous les preux : son courage égale celui du Cid et des chevaliers de l'Ardente

Épée, mais son armet n'est qu'un plat à barbe, son bras déçoit perpétuellement son vœu et il prend les marionnettes pour des Sarrasins. Il est fou : mais il est fou de justice, de charité, de vaillance. Les héros n'ont été que des Don Quichotte plus forts et à leur place.

Abandonnant la relation du poème avec les étapes de la conscience latine et les phases de la croyance et ne retenant que le sens de cette comédie, nous obtenons la plus effroyable proposition du pessimisme : l'idéal individuel est utile et nuisible.

Non seulement ce chercheur de gloire ne récolte que des huées, mais ce défaiseur de torts et réparateur d'iniquités ne fait aucun bien, et malgré son pur zèle, ne sauve ni n'aide personne. L'idéalisme ne représente socialement que du désordre : cela est vrai, et toutefois singulièrement dangereux à déclarer. Les sectateurs de Mammon dès lors relèvent la tête : Cervantès les a justifiés. Si on regarde profondément, on s'aperçoit que tout est vil autour de Don Quichotte. Le ridicule chevalier à la triste figure incarne des vertus et même la sublimité, tandis que l'humanité obtuse et grossière roule ses flots de médiocrité.

C'est parce que Don Quichotte reste sympathique irrésistiblement, qu'un partisan de l'Église orthodoxe, sous le nom d'Avellaneda, chercha à lui enlever le produit de sa seconde partie et à mener le héros au cabanon.

Sous l'armet de Mambrin, Tristan de Léonois était encore très reconnaissable et nul en 1615 ne pouvait s'y tromper ; mais les orthodoxes, comme les hérétiques, avaient intérêt à ne pas révéler le sens véritable d'un ouvrage qui satisfaisait à la fois le parti romain par le ridicule jeté sur la secte et la secte elle-même par le rayonnement d'intérêt auréolant l'ingénieux hidalgo.

Walter Scott, en donnant le *Don Quichotte* comme un chef-d'œuvre de l'esprit humain, savait-il de quelle muse était inspiré ce poème comique qui termine dans un éclat de bouffonnerie apparente cette immense littérature des troubadours qui régna pendant cinq cents ans sur l'imagination occidentale.

« Je ne pardonnerai jamais à Cervantès d'avoir fait Don Quichotte ridicule », dit quelque part Mme Sophie Gay, sans songer que l'homme aux rubans verts est un avatar de Don Quichotte, malgré les étroites bienséances dans lesquelles il se meut.

La gloire de Cervantès brillera d'un nouvel éclat, le jour où, après rire, quelqu'un découvrira que sa Comédie humaine est, philosophiquement, la Bible du Pessimisme.

L'auteur des *Lettres persanes* ignorait que Cervantès, en adressant la seconde partie de son *Ingénieux hidalgo* au duc de Lemos, annonçait *Persilès et Sigismonde* comme le « Benjamin de son intelligence ».

Ce *Persilès* est un roman de chevalerie et ne le cède à aucun pour l'hérésie. Le blessé de Lépante considérait *Persilès*, comme son chef-d'œuvre et c'est à beaucoup près, le mieux écrit de ses ouvrages.

Après cela, que reste-t-il de l'opinion courante ?

Miguel de Saavedra éprouva toutes les infortunes : il fut Don Quichotte en chair et en os. Au lieu de nous raconter son histoire qui n'eût été qu'un roman d'aventures, il incarna le conflit de l'idéalisme et de la réalité sous les traits d'un visionnaire et il écrivit, sous une apparence drolatique, le plus violent des pamphlets contre la Providence.

Comme Sainte-Beuve lui-même ne voit Rabelais qu'en petit roi d'Yvetot, entre les pots, buvant et riant à plein ventre, la critique a rangé le *Don Quichotte* parmi les compositions destinées au désopilement des rates.

Cervantès n'avait aucun motif de rire, sinon celui de parler avec impunité. Sans s'arrêter aux hardiesses contre les institutions de l'époque, il jeta aux quatre vents du ciel la plus redoutable des négations.

Qu'est-ce que Don Quichotte ? Le mystique qui se conforme héroïquement au plus haut idéal qu'il conçoit. Il est vieux, il est laid, il monte une rosse, il parle un langage grotesquement ampoulé, et veut faire confesser aux marchands que Dulcinée est la plus belle princesse du monde. Certes, il y a de quoi s'esclaffer pour des muletiers. Il y a de quoi pleurer pour d'autres hommes. Le génie n'est-il pas l'éternel Don Quichotte qui provoque les passants occupés de leurs affaires, pour leur imposer sa vision de beauté ou de justice ? Don Quichotte est le héros auquel manque la force et qui aborde le domaine de l'action à l'état de rêve. Hercule débile qui se fait assommer, c'est la plus noble dupe de ce monde qui appartient à Sancho et à sa lignée, en toute légitimité.

Il existe des dessins de Léonard où le maître a cherché la vieillesse caricaturale d'un beau type. Cervantès a peint l'agonie d'une idéalité et de quelle idéalité, de celle qui étincela avec le glaive de Godefroy et de Saint-Louis[sic] !

Au siècle dernier, le prodigieux Wagner, dans son œuvre suprême, a ressuscité Don Quichotte sous les traits de Parsifal et personne ne l'a reconnu. Le fol, le pur ingénu ne commence-t-il pas, « atteignant au vol tout ce qui vole », par tuer le cygne, par frapper Kundry ? Mais il est jeune, il rencontre Guernemanz qui le fait assister à l'office du Graal, au lieu d'être armé chevalier par l'aubergiste facétieux.

L'hidalgo ne voit pas le monde extérieur. Sa vision s'interpose sans cesse devant la réalité. Contemplatif qui s'entête à l'action, il ne produit que du désordre et de la risée partout où il passe et, même en se sacrifiant, il ne parvient pas à faire le bien. L'âme de Don Quichotte, sublime en ses élans, n'enfante rien à cet homme, d'une pureté d'intention incomparable, déshonore la chevalerie et la voue aux brocards. Est-il un spectacle plus désespérant que la stérilité d'un tel effort ? Combien portent en eux une pensée dont ils ne trouveront jamais l'expression, un héroïsme qui ne rencontrera pas son occasion, un noble vœu qui avortera en extravagance ! Quelle est amère cette caricature du héros, cette figure du chevalier burlesque et que de larmes le captif d'Alger a dû verser pour écrire une si rageuse diatribe contre son propre idéal ! Sa vie suffit à nous prouver qu'il rêva de gloire, de justice : il fut vraiment chevaleresque et très malheureux.

C'est un lieu commun de l'expérience que le bien est difficile à faire. On ne réalise de l'idéal qu'avec une complicité des circonstances et le désir n'implique pas la vocation. Elle résulte d'une proportion entre la volonté et la puissance. Don Quichotte vient à contre-temps et il avorte.

Un jour quelqu'un s'avisera de relire ce livre autrement qu'un roman, autrement qu'on lit *Gil Blas* ou *Francion* et son étonnement sera vif de trouver dans ces pages d'abord hilarantes la plus amère, la plus rageuse, la plus effroyable expression du pessimisme.

Les Espagnols, qu'il faut croire dans leur propre cause, prétendent que cette satire de l'idéalité avait affaibli parmi eux le *point d'honneur*, lisez le point d'idéalité.

Quelles qu'aient été les épreuves de la Queste, Parsifal purifie Amfortas, sauve Kundry et ramène la paix à Monsalvat. Don Quichotte voulait, lui aussi, servir le Graal, il le voulait d'un cœur pur et fou ; et son nom sert d'épithète pour déconsidérer la chevalerie.

Après avoir ri du chevalier à la triste figure, il faut se demander si on n'a pas eu son heure de don-quichottisme. Si on ne la trouve pas dans son passé, il convient de baisser la tête, car cette heure est peut-être celle où l'homme atteint le plus haut degré de la conscience.

FIN